Title: Trace Quraan Juz 'Amma

Author: Qylah Umm Jannah

Published in: Rabi'ul Awwal 1439 H. corresponding with December 2017

Cover Design: Qylah Umm Jannah

Subject: Arabic Language

Website: www.timbuktuedu.com

Timbuktu Press

بسم الله الرحمن الرحيم

From the desk of abu taubah

Al-Hamdulillaah;

This series is in keeping with our goal to get as many people as possible reading the Quraan. Professor Qylah and her team have done an excellent job of presenting the Quraan in a traceable fashion. In shaa Allaah, this work will enable thousands of students the ability to get intimately familiar with the Quraanic style and language.

Professor Qylah Marshal is a certified tajweed specialist and can recite the Quraan in four different Qiraaat. She is more than qualified to supervise this beneficial work.

May Allaah bless the readers, the writers and all the reciters. And May Allaah's peace and blessings be upon our Prophet, walHamdulillaah.

بِسْمِ اللهِ الرحمنِ الرحيم

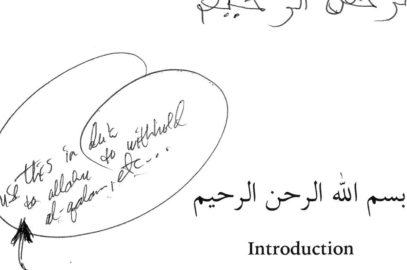

use these in da'k to allahu to withhold al-qalam etc...

بسم الله الرحن الرحيم

Introduction

Allah says : " *Nun* ,By the pen and what the (angels) write (in the Records of men)." **[Al-Qalam :1]**

Allah says: "Read! And your Lord is the Most Generous,
  4   Who has taught (the writing) by the pen.
  5   Has taught man that which he knew not."**[Al-Alaq 3-5]**

In the Quraan Allaah swears by the pen as well as commands us to read. Reading and writing have been the pathways through which knowledge has been spread.

In light of this , writing the words of Allaah الله (revelation) is the most important writing you could ever write! This is also a way to preserve our holy book and religion.

This workbook is a reflection of this understanding in hopes to encourage Muslims to write the Quraan. It's design is simple. Each chapter names the soorah as well as it's number. Trace the ayaats and this will strengthen both your memory and writing skills.

At the end of this book , you will have completed writing the entire juz 'Amma. This is an accomplishment Alhamdulillaah الحمد لله .

We thank Allaah الله for this opportunity. We seek the acceptance of this work from Allaah الله . We hope that this book be of benefit to the Ummah and a means of nearness to Allaah الله . Baarak Allaahu Feekum بارك الله فيكم

Soorah FaatiHah

بِسْمِ اللهِ الرَّحْمَـٰنِ الرَّحِيمِ

الْحَمْدُ للهِ رَبِّ الْعَالَمِينَ

الرَّحْمَـٰنِ الرَّحِيمِ

مَالِكِ يَوْمِ الدِّينِ

إِيَّاكَ نَعْبُدُ وَإِيَّاكَ نَسْتَعِينُ

اهْدِنَا الصِّرَاطَ الْمُسْتَقِيمَ

صِرَاطَ الَّذِينَ أَنْعَمْتَ عَلَيْهِمْ غَيْرِ الْمَغْضُوبِ عَلَيْهِمْ وَلَا الضَّالِّينَ

بِسْمِ اللهِ الرَّحْمَـٰنِ الرَّحِيمِ

الْحَمْدُ للهِ رَبِّ الْعَالَمِينَ

الرَّحْمَـٰنِ الرَّحِيمِ

مَالِكِ يَوْمِ الدِّينِ

إِيَّاكَ نَعْبُدُ وَإِيَّاكَ نَسْتَعِينُ

اهْدِنَا الصِّرَاطَ الْمُسْتَقِيمَ

صِرَاطَ الَّذِينَ أَنْعَمْتَ عَلَيْهِمْ غَيْرِ الْمَغْضُوبِ
عَلَيْهِمْ وَلَا الضَّالِّينَ

بِسْمِ اللهِ الرَّحْمَـنِ الرَّحِيمِ

الْحَمْدُ اللهِ رَبِّ الْعَالَمِينَ

الرَّحْمَـنِ الرَّحِيمِ

مَالِكِ يَوْمِ الدِّينِ

إِيَّاكَ نَعْبُدُ وَإِيَّاكَ نَسْتَعِينُ

اهْدِنَا الصِّرَاطَ الْمُسْتَقِيمَ

صِرَاطَ الَّذِينَ أَنْعَمْتَ عَلَيْهِمْ غَيْرِ الْمَغْضُوبِ
عَلَيْهِمْ وَلاَ الضَّالِّينَ

Soorahtu Naas 114

بِسْمِ اللهِ الرَّحْمَـٰنِ الرَّحِيمِ

قُلْ أَعُوذُ بِرَبِّ النَّاسِ

مَلِكِ النَّاسِ

إِلَـٰهِ النَّاسِ

مِن شَرِّ الْوَسْوَاسِ الْخَنَّاسِ

الَّذِي يُوَسْوِسُ فِي صُدُورِ النَّاسِ

مِنَ الْجِنَّةِ وَالنَّاسِ

بِسْمِ اللهِ الرَّحْمَـٰنِ الرَّحِيمِ

قُلْ أَعُوذُ بِرَبِّ النَّاسِ

مَلِكِ النَّاسِ

إِلَـٰهِ النَّاسِ

مِن شَرِّ الْوَسْوَاسِ الْخَنَّاسِ

الَّذِي يُوَسْوِسُ فِي صُدُورِ النَّاسِ

مِنَ الْجِنَّةِ وَالنَّاسِ

بِسْمِ اللهِ الرَّحْمَـٰنِ الرَّحِيمِ

قُلْ أَعُوذُ بِرَبِّ النَّاسِ

مَلِكِ النَّاسِ

إِلَـٰهِ النَّاسِ

مِن شَرِّ الْوَسْوَاسِ الْخَنَّاسِ

الَّذِي يُوَسْوِسُ فِي صُدُورِ النَّاسِ

مِنَ الْجِنَّةِ وَالنَّاسِ

Soorahtul FalaQ 113

بِسْمِ اللهِ الرَّحْمَـٰنِ الرَّحِيمِ

قُلْ أَعُوذُ بِرَبِّ الْفَلَقِ

مِن شَرِّ مَا خَلَقَ

وَمِن شَرِّ غَاسِقٍ إِذَا وَقَبَ

وَمِن شَرِّ النَّفَّاثَاتِ فِي الْعُقَدِ

وَمِن شَرِّ حَاسِدٍ إِذَا حَسَدَ

بِسْمِ اللهِ الرَّحْمَـٰنِ الرَّحِيمِ

قُلْ أَعُوذُ بِرَبِّ الْفَلَقِ

مِن شَرِّ مَا خَلَقَ

وَمِن شَرِّ غَاسِقٍ إِذَا وَقَبَ

وَمِن شَرِّ النَّفَّاثَاتِ فِي الْعُقَدِ

وَمِن شَرِّ حَاسِدٍ إِذَا حَسَدَ

بِسْمِ اللهِ الرَّحْمَـٰنِ الرَّحِيمِ

قُلْ أَعُوذُ بِرَبِّ الْفَلَقِ

مِن شَرِّ مَا خَلَقَ

وَمِن شَرِّ غَاسِقٍ إِذَا وَقَبَ

وَمِن شَرِّ النَّفَّاثَاتِ فِي الْعُقَدِ

وَمِن شَرِّ حَاسِدٍ إِذَا حَسَدَ

Soorahtul IkhlaaS 112

بِسْمِ اللهِ الرَّحْمَـٰنِ الرَّحِيمِ

قُلْ هُوَ اللهُ أَحَدٌ

اللهُ الصَّمَدُ

لَمْ يَلِدْ وَلَمْ يُولَدْ

وَلَمْ يَكُن لَهُ كُفُوًا أَحَدٌ

بِسْمِ اللهِ الرَّحْمَٰنِ الرَّحِيمِ

قُلْ هُوَ اللهُ أَحَدٌ

اللهُ الصَّمَدُ

لَمْ يَلِدْ وَلَمْ يُولَدْ

وَلَمْ يَكُن لَّهُ كُفُوًا أَحَدٌ

بِسْمِ اللهِ الرَّحْمَـٰنِ الرَّحِيمِ

قُلْ هُوَ اللهُ أَحَدٌ

اللهُ الصَّمَدُ

لَمْ يَلِدْ وَلَمْ يُولَدْ

وَلَمْ يَكُن لَّهُ كُفُوًا أَحَدٌ

Soorah Masad 111

بِسْمِ اللهِ الرَّحْمَٰنِ الرَّحِيمِ

تَبَّتْ يَدَا أَبِي لَهَبٍ وَتَبَّ

مَا أَغْنَىٰ عَنْهُ مَالُهُ وَمَا كَسَبَ

سَيَصْلَىٰ نَارًا ذَاتَ لَهَبٍ

وَامْرَأَتُهُ حَمَّالَةَ الْحَطَبِ

فِي جِيدِهَا حَبْلٌ مِّن مَّسَدٍ

Soorah NaSr 110

بِسْمِ اللهِ الرَّحْمَـٰنِ الرَّحِيمِ

إِذَا جَاءَ نَصْرُ اللَّهِ وَالْفَتْحُ

وَرَأَيْتَ النَّاسَ يَدْخُلُونَ فِي دِينِ اللَّهِ أَفْوَاجًا

فَسَبِّحْ بِحَمْدِ رَبِّكَ وَاسْتَغْفِرْهُ ۚ إِنَّهُ كَانَ تَوَّابًا

*This is the only Madani Soorah in this Juz.

Soorah Kaafiroon 109

بِسْمِ اللهِ الرَّحْمَٰنِ الرَّحِيمِ

قُلْ يَا أَيُّهَا الْكَافِرُون

لَا أَعْبُدُ مَا تَعْبُدُونَ

وَلَا أَنتُمْ عَابِدُونَ مَا أَعْبُدُ

وَلَا أَنَا عَابِدٌ مَّا عَبَدتُّمْ

وَلَا أَنتُمْ عَابِدُونَ مَا أَعْبُدُ

لَكُمْ دِينُكُمْ وَلِيَ دِينِ

Soorah Kawthar 108

بِسْمِ اللهِ الرَّحْمَٰنِ الرَّحِيمِ

إِنَّا أَعْطَيْنَاكَ الْكَوْثَرَ

فَصَلِّ لِرَبِّكَ وَانْحَرْ

إِنَّ شَانِئَكَ هُوَ الْأَبْتَرُ

Soorah Maa'oon 107

بِسْمِ اللّٰهِ الرَّحْمَـٰنِ الرَّحِيمِ

أَرَأَيْتَ الَّذِي يُكَذِّبُ بِالدِّينِ

فَذَٰلِكَ الَّذِي يَدُعُّ الْيَتِيمَ

وَلَا يَحُضُّ عَلَىٰ طَعَامِ الْمِسْكِينِ

فَوَيْلٌ لِّلْمُصَلِّينَ

الَّذِينَ هُمْ عَن صَلَاتِهِمْ سَاهُونَ

الَّذِينَ هُمْ يُرَاءُونَ

وَيَمْنَعُونَ الْمَاعُونَ

Soorah Quraysh 106

بِسْمِ اللهِ الرَّحْمَـٰنِ الرَّحِيمِ

لِإِيلَافِ قُرَيْشٍ

إِيلَافِهِمْ رِحْلَةَ الشِّتَاءِ وَالصَّيْفِ

فَلْيَعْبُدُوا رَبَّ هَـٰذَا الْبَيْتِ

الَّذِي أَطْعَمَهُم مِّن جُوعٍ وَآمَنَهُم مِّنْ خَوْفٍ

Soorah Feel 105

بِسْمِ اللهِ الرَّحْمَٰنِ الرَّحِيمِ

أَلَمْ تَرَ كَيْفَ فَعَلَ رَبُّكَ بِأَصْحَابِ الْفِيلِ

أَلَمْ يَجْعَلْ كَيْدَهُمْ فِي تَضْلِيلٍ

وَأَرْسَلَ عَلَيْهِمْ طَيْرًا أَبَابِيلَ

تَرْمِيهِم بِحِجَارَةٍ مِّن سِجِّيلٍ

فَجَعَلَهُمْ كَعَصْفٍ مَّأْكُولٍ

Soorah Humaza 104

بِسْمِ اللهِ الرَّحْمَٰنِ الرَّحِيمِ

وَيْلٌ لِّكُلِّ هُمَزَةٍ لُّمَزَةٍ

الَّذِي جَمَعَ مَالًا وَعَدَّدَهُ

يَحْسَبُ أَنَّ مَالَهُ أَخْلَدَهُ

كَلَّا ۖ لَيُنبَذَنَّ فِي الْحُطَمَةِ

وَمَا أَدْرَاكَ مَا الْحُطَمَةُ

نَارُ اللهِ الْمُوقَدَةُ

الَّتِي تَطَّلِعُ عَلَى الْأَفْئِدَةِ

إِنَّهَا عَلَيْهِم مُّؤْصَدَةٌ

فِي عَمَدٍ مُّمَدَّدَةٍ

Soorah ASr 103

بِسْمِ اللهِ الرَّحْمَـٰنِ الرَّحِيمِ

وَالْعَصْرِ

إِنَّ الْإِنسَانَ لَفِي خُسْرٍ

إِلَّا الَّذِينَ آمَنُوا وَعَمِلُوا الصَّالِحَاتِ وَتَوَاصَوْا
بِالْحَقِّ وَتَوَاصَوْا بِالصَّبْرِ

Soorah Takaathur 102

بِسْمِ اللهِ الرَّحْمَٰنِ الرَّحِيمِ

أَلْهَاكُمُ التَّكَاثُرُ

حَتَّىٰ زُرْتُمُ الْمَقَابِرَ

كَلَّا سَوْفَ تَعْلَمُونَ

ثُمَّ كَلَّا سَوْفَ تَعْلَمُونَ

كَلَّا لَوْ تَعْلَمُونَ عِلْمَ الْيَقِينِ

لَتَرَوُنَّ الْجَحِيمَ.

ثُمَّ لَتَرَوُنَّهَا عَيْنَ الْيَقِينِ

ثُمَّ لَتُسْأَلُنَّ يَوْمَئِذٍ عَنِ النَّعِيمِ

Soorah Qaari'ah 101

بِسْمِ اللهِ الرَّحْمَـٰنِ الرَّحِيمِ

الْقَارِعَةُ

مَا الْقَارِعَةُ

وَمَا أَدْرَاكَ مَا الْقَارِعَةُ

يَوْمَ يَكُونُ النَّاسُ كَالْفَرَاشِ الْمَبْثُوثِ

وَتَكُونُ الْجِبَالُ كَالْعِهْنِ الْمَنفُوشِ

فَأَمَّا مَن ثَقُلَتْ مَوَازِينُهُ

فَهُوَ فِي عِيشَةٍ رَّاضِيَةٍ

وَأَمَّا مَنْ خَفَّتْ مَوَازِينُهُ

فَأُمُّهُ هَاوِيَةٌ

وَمَا أَدْرَاكَ مَا هِيَهْ

نَارٌ حَامِيَةٌ

Soorah 'Aadiyaat 100

بِسْمِ اللهِ الرَّحْمَـنِ الرَّحِيمِ

وَالْعَادِيَاتِ ضَبْحًا

فَالْمُورِيَاتِ قَدْحًا

فَالْمُغِيرَاتِ صُبْحًا

فَأَثَرْنَ بِهِ نَقْعًا

فَوَسَطْنَ بِهِ جَمْعًا

إِنَّ الْإِنسَانَ لِرَبِّهِ لَكَنُودٌ

وَإِنَّهُ عَلَىٰ ذَٰلِكَ لَشَهِيدٌ

وَإِنَّهُ لِحُبِّ الْخَيْرِ لَشَدِيدٌ

أَفَلَا يَعْلَمُ إِذَا بُعْثِرَ مَا فِي الْقُبُورِ

وَحُصِّلَ مَا فِي الصُّدُورِ

إِنَّ رَبَّهُم بِهِمْ يَوْمَئِذٍ لَّخَبِيرٌ

Soorah Zalzalah 99

بِسْمِ اللهِ الرَّحْمَـٰنِ الرَّحِيمِ

إِذَا زُلْزِلَتِ الْأَرْضُ زِلْزَالَهَا

وَأَخْرَجَتِ الْأَرْضُ أَثْقَالَهَا

وَقَالَ الْإِنسَانُ مَا لَهَا

يَوْمَئِذٍ تُحَدِّثُ أَخْبَارَهَا

بِأَنَّ رَبَّكَ أَوْحَىٰ لَهَا

يَوْمَئِذٍ يَصْدُرُ النَّاسُ أَشْتَاتًا لِّيُرَوْا أَعْمَالَهُمْ

فَمَن يعْمَلْ مِثْقَالَ ذَرَّةٍ خَيْرًا يرهُ

وَمَن يَعْمَلْ مِثْقَالَ ذَرَّةٍ شَرًّا يَرَهُ

Soorah Bayyinah 98

بِسْمِ اللَّهِ الرَّحْمَـٰنِ الرَّحِيمِ

لَمْ يَكُنِ الَّذِينَ كَفَرُوا مِنْ أَهْلِ الْكِتَابِ
وَالْمُشْرِكِينَ مُنفَكِّينَ حَتَّىٰ تَأْتِيَهُمُ الْبَيِّنَةُ

رَسُولٌ مِّنَ اللَّهِ يَتْلُو صُحُفًا مُّطَهَّرَةً

فِيهَا كُتُبٌ قَيِّمَةٌ

وَمَا تَفَرَّقَ الَّذِينَ أُوتُوا الْكِتَابَ إِلَّا مِن بَعْدِ مَا
جَاءَتْهُمُ الْبَيِّنَةُ

وَمَا أُمِرُوا إِلَّا لِيَعْبُدُوا اللَّهَ مُخْلِصِينَ لَهُ الدِّينَ حُنَفَاءَ وَيُقِيمُوا الصَّلَاةَ وَيُؤْتُوا الزَّكَاةَ ۚ وَذَٰلِكَ دِينُ الْقَيِّمَةِ

إِنَّ الَّذِينَ كَفَرُوا مِنْ أَهْلِ الْكِتَابِ وَالْمُشْرِكِينَ فِي نَارِ جَهَنَّمَ خَالِدِينَ فِيهَا ۚ أُولَٰئِكَ هُمْ شَرُّ الْبَرِيَّةِ

إِنَّ الَّذِينَ آمَنُوا وَعَمِلُوا الصَّالِحَاتِ أُولَٰئِكَ هُمْ خَيْرُ الْبَرِيَّةِ

جَزَاؤُهُمْ عِنْدَ رَبِّهِمْ جَنَّاتُ عَدْنٍ تَجْرِي مِنْ تَحْتِهَا الْأَنْهَارُ خَالِدِينَ فِيهَا أَبَدًا ۖ رَضِيَ اللَّهُ عَنْهُمْ وَرَضُوا عَنْهُ ۚ ذَٰلِكَ لِمَنْ خَشِيَ رَبَّهُ

Soorah Qadr 97

بِسْمِ اللهِ الرَّحْمَـٰنِ الرَّحِيمِ

إِنَّا أَنزَلْنَاهُ فِي لَيْلَةِ الْقَدْرِ

وَمَا أَدْرَاكَ مَا لَيْلَةُ الْقَدْرِ

لَيْلَةُ الْقَدْرِ خَيْرٌ مِّنْ أَلْفِ شَهْرٍ

تَنَزَّلُ الْمَلَائِكَةُ وَالرُّوحُ فِيهَا بِإِذْنِ رَبِّهِم مِّن كُلِّ أَمْرٍ

سَلَامٌ هِيَ حَتَّىٰ مَطْلَعِ الْفَجْرِ

Soorah 'AlaQ 96

بِسْمِ اللهِ الرَّحْمَـٰنِ الرَّحِيمِ

اقْرَأْ بِاسْمِ رَبِّكَ الَّذِي خَلَقَ

خَلَقَ الْإِنسَانَ مِنْ عَلَقٍ

اقْرَأْ وَرَبُّكَ الْأَكْرَمُ

الَّذِي عَلَّمَ بِالْقَلَمِ

عَلَّمَ الْإِنسَانَ مَا لَمْ يَعْلَمْ

كَلَّا إِنَّ الْإِنسَانَ لَيَطْغَىٰ

أَن رَّآهُ اسْتَغْنَىٰ

إِنَّ إِلَىٰ رَبِّكَ الرُّجْعَىٰ

أَرَأَيْتَ الَّذِي يَنْهَىٰ

عَبْدًا إِذَا صَلَّىٰ

أَرَأَيْتَ إِن كَانَ عَلَى الْهُدَىٰ

أَوْ أَمَرَ بِالتَّقْوَىٰ

أَرَأَيْتَ إِن كَذَّبَ وَتَوَلَّىٰ

أَلَمْ يَعْلَم بِأَنَّ اللَّهَ يَرَىٰ

كَلَّا لَئِن لَّمْ يَنتَهِ لَنَسْفَعًا بِالنَّاصِيَةِ

نَاصِيَةٍ كَاذِبَةٍ خَاطِئَةٍ

فَلْيَدْعُ نَادِيَهُ

سَنَدْعُ الزَّبَانِيَةَ

كَلَّا لَا تُطِعْهُ وَاسْجُدْ وَاقْتَرِب ۩

Soorah Teen 95

بِسْمِ اللهِ الرَّحْمَٰنِ الرَّحِيمِ

وَالتِّينِ وَالزَّيْتُونِ

وَطُورِ سِينِينَ

وَهَٰذَا الْبَلَدِ الْأَمِينِ

لَقَدْ خَلَقْنَا الْإِنسَانَ فِي أَحْسَنِ تَقْوِيمٍ

ثُمَّ رَدَدْنَاهُ أَسْفَلَ سَافِلِينَ

إِلَّا الَّذِينَ آمَنُوا وَعَمِلُوا الصَّالِحَاتِ فَلَهُمْ أَجْرٌ غَيْرُ مَمْنُونٍ

فَمَا يُكَذِّبُكَ بَعْدُ بِالدِّينِ

أَلَيْسَ اللَّهُ بِأَحْكَمِ الْحَاكِمِينَ

Soorah SharH 94

بِسْمِ اللهِ الرَّحْمَٰنِ الرَّحِيمِ

أَلَمْ نَشْرَحْ لَكَ صَدْرَكَ

وَوَضَعْنَا عَنكَ وِزْرَكَ

الَّذِي أَنقَضَ ظَهْرَكَ

وَرَفَعْنَا لَكَ ذِكْرَكَ

فَإِنَّ مَعَ الْعُسْرِ يُسْرًا

إِنَّ مَعَ الْعُسْرِ يُسْرًا

فَإِذَا فَرَغْتَ فَانصَبْ

وَإِلَىٰ رَبِّكَ فَارْغَب

Soorah DhuHa 93

بِسْمِ اللهِ الرَّحْمَـنِ الرَّحِيمِ

وَالضُّحَىٰ

وَاللَّيْلِ إِذَا سَجَىٰ

مَا وَدَّعَكَ رَبُّكَ وَمَا قَلَىٰ

وَلَلْآخِرَةُ خَيْرٌ لَّكَ مِنَ الْأُولَىٰ

وَلَسَوْفَ يُعْطِيكَ رَبُّكَ فَتَرْضَىٰ

أَلَمْ يَجِدْكَ يَتِيمًا فَآوَىٰ

وَوَجَدَكَ ضَالًّا فَهَدَىٰ

وَوَجَدَكَ عَائِلًا فَأَغْنَىٰ

فَأَمَّا الْيَتِيمَ فَلَا تَقْهَرْ

وَأَمَّا السَّائِلَ فَلَا تَنْهَرْ

وَأَمَّا بِنِعْمَةِ رَبِّكَ فَحَدِّثْ

Soorah Layl 92

بِسْمِ اللهِ الرَّحْمَـٰنِ الرَّحِيمِ

وَاللَّيْلِ إِذَا يَغْشَىٰ

وَالنَّهَارِ إِذَا تَجَلَّىٰ

وَمَا خَلَقَ الذَّكَرَ وَالْأُنثَىٰ

إِنَّ سَعْيَكُمْ لَشَتَّىٰ

فَأَمَّا مَنْ أَعْطَىٰ وَاتَّقَىٰ

وَصَدَّقَ بِالْحُسْنَىٰ

فَسَنُيَسِّرُهُ لِلْيُسْرَىٰ

وَأَمَّا مَن بَخِلَ وَاسْتَغْنَىٰ

وَكَذَّبَ بِالْحُسْنَىٰ

فَسَنُيَسِّرُهُ لِلْعُسْرَىٰ

وَمَا يُغْنِي عَنْهُ مَالُهُ إِذَا تَرَدَّىٰ

إِنَّ عَلَيْنَا لَلْهُدَىٰ

وَإِنَّ لَنَا لَلْآخِرَةَ وَالْأُولَىٰ

فَأَنذَرْتُكُمْ نَارًا تَلَظَّىٰ

لَا يَصْلَاهَا إِلَّا الْأَشْقَى

الَّذِي كَذَّبَ وَتَوَلَّىٰ

وَسَيُجَنَّبُهَا الْأَتْقَى

الَّذِي يُؤْتِي مَالَهُ يَتَزَكَّىٰ

وَمَا لِأَحَدٍ عِندَهُ مِن نِّعْمَةٍ تُجْزَىٰ

إِلَّا ابْتِغَاءَ وَجْهِ رَبِّهِ الْأَعْلَىٰ

وَلَسَوْفَ يَرْضَىٰ

Soorah Shams 91

بِسْمِ اللهِ الرَّحْمَـٰنِ الرَّحِيمِ

وَالشَّمْسِ وَضُحَاهَا

وَالْقَمَرِ إِذَا تَلَاهَا

وَالنَّهَارِ إِذَا جَلَّاهَا

وَاللَّيْلِ إِذَا يَغْشَاهَا

وَالسَّمَاءِ وَمَا بَنَاهَا

وَالْأَرْضِ وَمَا طَحَاهَا

وَنَفْسٍ وَمَا سَوَّاهَا

فَأَلْهَمَهَا فُجُورَهَا وَتَقْوَاهَا

قَدْ أَفْلَحَ مَن زَكَّاهَا

وَقَدْ خَابَ مَن دَسَّاهَا

كَذَّبَتْ ثَمُودُ بِطَغْوَاهَا

إِذِ انبَعَثَ أَشْقَاهَا

فَقَالَ لَهُمْ رَسُولُ اللَّهِ نَاقَةَ اللَّهِ وَسُقْيَاهَا

فَكَذَّبُوهُ فَعَقَرُوهَا فَدَمْدَمَ عَلَيْهِمْ رَبُّهُم
بِذَنبِهِمْ فَسَوَّاهَا

وَلَا يَخَافُ عُقْبَاهَا

Soorah Balad 90

بِسْمِ اللهِ الرَّحْمَـٰنِ الرَّحِيمِ

لَا أُقْسِمُ بِهَـٰذَا الْبَلَدِ

وَأَنتَ حِلٌّ بِهَـٰذَا الْبَلَدِ

وَوَالِدٍ وَمَا وَلَدَ

لَقَدْ خَلَقْنَا الْإِنسَانَ فِي كَبَدٍ

أَيَحْسَبُ أَن لَّن يَقْدِرَ عَلَيْهِ أَحَدٌ

يَقُولُ أَهْلَكْتُ مَالًا لُّبَدًا

أَيَحْسَبُ أَن لَّمْ يَرَهُ أَحَدُ

أَلَمْ نَجْعَل لَّهُ عَيْنَيْنِ

وَلِسَانًا وَشَفَتَيْنِ

وَهَدَيْنَاهُ النَّجْدَيْنِ

فَلَا اقْتَحَمَ الْعَقَبَةَ

وَمَا أَدْرَاكَ مَا الْعَقَبَةُ

فَكُّ رَقَبَةٍ

أَوْ إِطْعَامٌ فِي يَوْمٍ ذِي مَسْغَبَةٍ

يَتِيمًا ذَا مَقْرَبَةٍ

أَوْ مِسْكِينًا ذَا مَتْرَبَةٍ

ثُمَّ كَانَ مِنَ الَّذِينَ آمَنُوا وَتَوَاصَوْا بِالصَّبْرِ
وَتَوَاصَوْا بِالْمَرْحَمَةِ

أُولَـٰئِكَ أَصْحَابُ الْمَيْمَنَةِ

وَالَّذِينَ كَفَرُوا بِآيَاتِنَا هُمْ أَصْحَابُ الْمَشْأَمَةِ
عَلَيْهِمْ نَارٌ مُّؤْصَدَةٌ

Soorah Fajr 89

بِسْمِ اللهِ الرَّحْمَـٰنِ الرَّحِيمِ

وَالْفَجْرِ

وَلَيَالٍ عَشْرٍ

وَالشَّفْعِ وَالْوَتْرِ

وَاللَّيْلِ إِذَا يَسْرِ

هَلْ فِي ذَٰلِكَ قَسَمٌ لِّذِي حِجْرٍ

أَلَمْ تَرَ كَيْفَ فَعَلَ رَبُّكَ بِعَادٍ

إِرَمَ ذَاتِ الْعِمَادِ

الَّتِي لَمْ يُخْلَقْ مِثْلُهَا فِي الْبِلَادِ

وَثَمُودَ الَّذِينَ جَابُوا الصَّخْرَ بِالْوَادِ

وَفِرْعَوْنَ ذِي الْأَوْتَادِ

الَّذِينَ طَغَوْا فِي الْبِلَادِ

فَأَكْثَرُوا فِيهَا الْفَسَادَ

فَصَبَّ عَلَيْهِمْ رَبُّكَ سَوْطَ عَذَابٍ

إِنَّ رَبَّكَ لَبِالْمِرْصَادِ

فَأَمَّا الْإِنسَانُ إِذَا مَا ابْتَلَاهُ رَبُّهُ فَأَكْرَمَهُ وَنَعَّمَهُ
فَيَقُولُ رَبِّي أَكْرَمَنِ

وَأَمَّا إِذَا مَا ابْتَلَاهُ فَقَدَرَ عَلَيْهِ رِزْقَهُ فَيَقُولُ رَبِّي
أَهَانَنِ

كَلَّا ۖ بَل لَّا تُكْرِمُونَ الْيَتِيمَ

وَلَا تَحَاضُّونَ عَلَىٰ طَعَامِ الْمِسْكِينِ

وَتَأْكُلُونَ التُّرَاثَ أَكْلًا لَّمًّا

وَتُحِبُّونَ الْمَالَ حُبًّا جَمًّا

كَلَّا إِذَا دُكَّتِ الْأَرْضُ دَكًّا دَكًّا

وَجَاءَ رَبُّكَ وَالْمَلَكُ صَفًّا صَفًّا

وَجِيءَ يَوْمَئِذٍ بِجَهَنَّمَ يَوْمَئِذٍ يَتَذَكَّرُ الْإِنسَانُ
وَأَنَّىٰ لَهُ الذِّكْرَىٰ

يَقُولُ يَا لَيْتَنِي قَدَّمْتُ لِحَيَاتِي

فَيَوْمَئِذٍ لَّا يُعَذِّبُ عَذَابَهُ أَحَدٌ

وَلَا يُوثِقُ وَثَاقَهُ أَحَدٌ

يَا أَيَّتُهَا النَّفْسُ الْمُطْمَئِنَّةُ

ارْجِعِي إِلَىٰ رَبِّكِ رَاضِيَةً مَّرْضِيَّةً

فَادْخُلِي فِي عِبَادِي

وَادْخُلِي جَنَّتِ

Soorah Ghaashiyah 88

بِسْمِ اللهِ الرَّحْمَـٰنِ الرَّحِيمِ

هَلْ أَتَاكَ حَدِيثُ الْغَاشِيَةِ

وُجُوهٌ يَوْمَئِذٍ خَاشِعَةٌ

عَامِلَةٌ نَّاصِبَةٌ

تَصْلَىٰ نَارًا حَامِيَةً

تُسْقَىٰ مِنْ عَيْنٍ آنِيَةٍ

لَّيْسَ لَهُمْ طَعَامٌ إِلَّا مِن ضَرِيعٍ

لَّا يُسْمِنُ وَلَا يُغْنِي مِن جُوعٍ

وُجُوهٌ يَوْمَئِذٍ نَّاعِمَةٌ

لِّسَعْيِهَا رَاضِيَةٌ

فِي جَنَّةٍ عَالِيَةٍ

لَّا تَسْمَعُ فِيهَا لَاغِيَةً

فِيهَا عَيْنٌ جَارِيَةٌ

فِيهَا سُرُرٌ مَّرْفُوعَةٌ

وَأَكْوَابٌ مَّوْضُوعَةٌ

وَنَمَارِقُ مَصْفُوفَةٌ

وَزَرَابِيُّ مَبْثُوثَةٌ

أَفَلَا يَنظُرُونَ إِلَى الْإِبِلِ كَيْفَ خُلِقَتْ

وَإِلَى السَّمَاءِ كَيْفَ رُفِعَتْ

وَإِلَى الْجِبَالِ كَيْفَ نُصِبَتْ

وَإِلَى الْأَرْضِ كَيْفَ سُطِحَتْ

فَذَكِّرْ إِنَّمَا أَنتَ مُذَكِّرٌ

لَّسْتَ عَلَيْهِم بِمُصَيْطِرٍ

إِلَّا مَن تَوَلَّىٰ وَكَفَرَ

فَيُعَذِّبُهُ اللَّهُ الْعَذَابَ الْأَكْبَرَ

إِنَّ إِلَيْنَا إِيَابَهُمْ

ثُمَّ إِنَّ عَلَيْنَا حِسَابَهُم

Soorah A'laa 87

بِسْمِ اللهِ الرَّحْمَـٰنِ الرَّحِيمِ

سَبِّحِ اسْمَ رَبِّكَ الْأَعْلَى

الَّذِي خَلَقَ فَسَوَّىٰ

وَالَّذِي قَدَّرَ فَهَدَىٰ

وَالَّذِي أَخْرَجَ الْمَرْعَىٰ

فَجَعَلَهُ غُثَاءً أَحْوَىٰ

سَنُقْرِئُكَ فَلَا تَنسَىٰ

إِلَّا مَا شَاءَ اللَّهُ ۚ إِنَّهُ يَعْلَمُ الْجَهْرَ وَمَا يَخْفَىٰ

وَنُيَسِّرُكَ لِلْيُسْرَىٰ

فَذَكِّرْ إِن نَّفَعَتِ الذِّكْرَىٰ

سَيَذَّكَّرُ مَن يَخْشَىٰ

وَيَتَجَنَّبُهَا الْأَشْقَى

الَّذِي يَصْلَى النَّارَ الْكُبْرَىٰ

ثُمَّ لَا يَمُوتُ فِيهَا وَلَا يَحْيَ

قَدْ أَفْلَحَ مَن تَزَكَّىٰ

وَذَكَرَ اسْمَ رَبِّهِ فَصَلَّىٰ

بَلْ تُؤْثِرُونَ الْحَيَاةَ الدُّنْيَا

وَالْآخِرَةُ خَيْرٌ وَأَبْقَىٰ

إِنَّ هَٰذَا لَفِي الصُّحُفِ الْأُولَىٰ

صُحُفِ إِبْرَاهِيمَ وَمُوسَىٰ

Soorah TaariQ 86

بِسْمِ اللهِ الرَّحْمَـٰنِ الرَّحِيمِ

وَالسَّمَاءِ وَالطَّارِقِ

وَمَا أَدْرَاكَ مَا الطَّارِقُ

النَّجْمُ الثَّاقِبُ

إِن كُلُّ نَفْسٍ لَّمَّا عَلَيْهَا حَافِظٌ

فَلْيَنظُرِ الْإِنسَانُ مِمَّ خُلِقَ

خُلِقَ مِن مَّاءٍ دَافِقٍ

يَخْرُجُ مِن بَيْنِ الصُّلْبِ وَالتَّرَائِبِ

إِنَّهُ عَلَىٰ رَجْعِهِ لَقَادِرٌ

يَوْمَ تُبْلَى السَّرَائِرُ

فَمَا لَهُ مِن قُوَّةٍ وَلَا نَاصِرٍ

وَالسَّمَاءِ ذَاتِ الرَّجْعِ

وَالْأَرْضِ ذَاتِ الصَّدْعِ

إِنَّهُ لَقَوْلٌ فَصْلٌ

وَمَا هُوَ بِالْهَزْلِ

إِنَّهُمْ يَكِيدُونَ كَيْدًا

وَأَكِيدُ كَيْدًا

فَمَهِّلِ الْكَافِرِينَ أَمْهِلْهُمْ رُوَيْدًا

Soorah Burooj 85

بِسْمِ اللهِ الرَّحْمَـٰنِ الرَّحِيمِ

وَالسَّمَاءِ ذَاتِ الْبُرُوجِ

وَالْيَوْمِ الْمَوْعُودِ

وَشَاهِدٍ وَمَشْهُودٍ

قُتِلَ أَصْحَابُ الْأُخْدُودِ

النَّارِ ذَاتِ الْوَقُودِ

إِذْ هُمْ عَلَيْهَا قُعُودٌ

وَهُمْ عَلَىٰ مَا يَفْعَلُونَ بِالْمُؤْمِنِينَ شُهُودٌ

وَمَا نَقَمُوا مِنْهُمْ إِلَّا أَن يُؤْمِنُوا بِاللَّهِ الْعَزِيزِ الْحَمِيدِ

الَّذِي لَهُ مُلْكُ السَّمَاوَاتِ وَالْأَرْضِ ۚ وَاللَّهُ عَلَىٰ كُلِّ شَيْءٍ شَهِيدٌ

نَّ الَّذِينَ فَتَنُوا الْمُؤْمِنِينَ وَالْمُؤْمِنَاتِ ثُمَّ لَمْ يَتُوبُوا فَلَهُمْ عَذَابُ جَهَنَّمَ وَلَهُمْ عَذَابُ الْحَرِيقِ

إِنَّ الَّذِينَ آمَنُوا وَعَمِلُوا الصَّالِحَاتِ لَهُمْ جَنَّاتٌ تَجْرِي مِن تَحْتِهَا الْأَنْهَارُ ۚ ذَٰلِكَ الْفَوْزُ الْكَبِيرُ

إِنَّ بَطْشَ رَبِّكَ لَشَدِيدٌ

إِنَّهُ هُوَ يُبْدِئُ وَيُعِيدُ

وَهُوَ الْغَفُورُ الْوَدُودُ

ذُو الْعَرْشِ الْمَجِيدُ

فَعَّالٌ لِّمَا يُرِيدُ

هَلْ أَتَاكَ حَدِيثُ الْجُنُودِ

فِرْعَوْنَ وَثَمُودَ

بَلِ الَّذِينَ كَفَرُوا فِي تَكْذِيبٍ
وَاللَّهُ مِن وَرَائِهِم مُّحِيطٌ

بَلْ هُوَ قُرْآنٌ مَّجِيدٌ

فِي لَوْحٍ مَّحْفُوظٍ

Soorah InshiQaaQ 84

بِسْمِ اللَّهِ الرَّحْمَـٰنِ الرَّحِيمِ

إِذَا السَّمَاءُ انشَقَّتْ

وَأَذِنَتْ لِرَبِّهَا وَحُقَّتْ

وَإِذَا الْأَرْضُ مُدَّتْ

وَأَلْقَتْ مَا فِيهَا وَتَخَلَّتْ

وَأَذِنَتْ لِرَبِّهَا وَحُقَّتْ

يَا أَيُّهَا الْإِنسَانُ إِنَّكَ كَادِحٌ إِلَىٰ رَبِّكَ كَدْحًا
فَمُلَاقِيهِ

فَأَمَّا مَنْ أُوتِيَ كِتَابَهُ بِيَمِينِهِ

فَسَوْفَ يُحَاسَبُ حِسَابًا يَسِيرًا

وَيَنقَلِبُ إِلَىٰ أَهْلِهِ مَسْرُورًا

وَأَمَّا مَنْ أُوتِيَ كِتَابَهُ وَرَاءَ ظَهْرِهِ

فَسَوْفَ يَدْعُو ثُبُورًا

وَيَصْلَىٰ سَعِيرًا

إِنَّهُ كَانَ فِي أَهْلِهِ مَسْرُورًا

نَّهُ ظَنَّ أَن لَّن يَحُورَ

بَلَىٰ إِنَّ رَبَّهُ كَانَ بِهِ بَصِيرًا

فَلَا أُقْسِمُ بِالشَّفَقِ

وَاللَّيْلِ وَمَا وَسَقَ

وَالْقَمَرِ إِذَا اتَّسَقَ

لَتَرْكَبُنَّ طَبَقًا عَن طَبَقٍ

فَمَا لَهُمْ لَا يُؤْمِنُونَ

وَإِذَا قُرِئَ عَلَيْهِمُ الْقُرْآنُ لَا يَسْجُدُونَ ۩

بَلِ الَّذِينَ كَفَرُوا يُكَذِّبُونَ

وَاللَّهُ أَعْلَمُ بِمَا يُوعُونَ

فَبَشِّرْهُم بِعَذَابٍ أَلِيمٍ

إِلَّا الَّذِينَ آمَنُوا وَعَمِلُوا الصَّالِحَاتِ لَهُمْ أَجْرٌ
غَيْرُ مَمْنُونٍ

Soorah MuTaffifeen 83

بِسْمِ اللهِ الرَّحْمَـٰنِ الرَّحِيمِ

وَيْلٌ لِّلْمُطَفِّفِينَ

الَّذِينَ إِذَا اكْتَالُوا عَلَى النَّاسِ يَسْتَوْفُونَ

وَإِذَا كَالُوهُمْ أَو وَّزَنُوهُمْ يُخْسِرُونَ

أَلَا يَظُنُّ أُولَـٰئِكَ أَنَّهُم مَّبْعُوثُونَ

لِيَوْمٍ عَظِيمٍ

يَوْمَ يَقُومُ النَّاسُ لِرَبِّ الْعَالَمِينَ

كَلَّا إِنَّ كِتَابَ الْفُجَّارِ لَفِي سِجِّينٍ

وَمَا أَدْرَاكَ مَا سِجِّينٌ

كِتَابٌ مَّرْقُومٌ

وَيْلٌ يَوْمَئِذٍ لِّلْمُكَذِّبِينَ

الَّذِينَ يُكَذِّبُونَ بِيَوْمِ الدِّينِ

وَمَا يُكَذِّبُ بِهِ إِلَّا كُلُّ مُعْتَدٍ أَثِيمٍ

إِذَا تُتْلَىٰ عَلَيْهِ آيَاتُنَا قَالَ أَسَاطِيرُ الْأَوَّلِينَ

كَلَّا بَلْ رَانَ عَلَىٰ قُلُوبِهِم مَّا كَانُوا يَكْسِبُونَ

كَلَّا إِنَّهُمْ عَن رَّبِّهِمْ يَوْمَئِذٍ لَّمَحْجُوبُونَ

ثُمَّ إِنَّهُمْ لَصَالُو الْجَحِيمِ

ثُمَّ يُقَالُ هَـٰذَا الَّذِي كُنتُم بِهِ تُكَذِّبُونَ

كَلَّا إِنَّ كِتَابَ الْأَبْرَارِ لَفِي عِلِّيِّينَ

وَمَا أَدْرَاكَ مَا عِلِّيُّونَ

كِتَابٌ مَّرْقُومٌ

يَشْهَدُهُ الْمُقَرَّبُونَ

إِنَّ الْأَبْرَارَ لَفِي نَعِيمٍ

عَلَى الْأَرَائِكِ يَنظُرُونَ

تَعْرِفُ فِي وُجُوهِهِمْ نَضْرَةَ النَّعِيمِ

يُسْقَوْنَ مِن رَّحِيقٍ مَّخْتُومٍ

خِتَامُهُ مِسْكٌ وَفِي ذَٰلِكَ فَلْيَتَنَافَسِ الْمُتَنَافِسُونَ

وَمِزَاجُهُ مِن تَسْنِيمٍ

عَيْنًا يَشْرَبُ بِهَا الْمُقَرَّبُونَ

إِنَّ الَّذِينَ أَجْرَمُوا كَانُوا مِنَ الَّذِينَ آمَنُوا يَضْحَكُونَ

وَإِذَا مَرُّوا بِهِمْ يَتَغَامَزُونَ

وَإِذَا انقَلَبُوا إِلَىٰ أَهْلِهِمُ انقَلَبُوا فَكِهِينَ

وَإِذَا رَأَوْهُمْ قَالُوا إِنَّ هَٰؤُلَاءِ لَضَالُّونَ

وَمَا أُرْسِلُوا عَلَيْهِمْ حَافِظِينَ

فَالْيَوْمَ الَّذِينَ آمَنُوا مِنَ الْكُفَّارِ يَضْحَكُونَ

عَلَى الْأَرَائِكِ يَنظُرُونَ

هَلْ ثُوِّبَ الْكُفَّارُ مَا كَانُوا يَفْعَلُونَ

Soorah InfiTaar 82

بِسْمِ اللهِ الرَّحْمَـٰنِ الرَّحِيمِ

إِذَا السَّمَاءُ انفَطَرَتْ

وَإِذَا الْكَوَاكِبُ انتَثَرَتْ

وَإِذَا الْبِحَارُ فُجِّرَتْ

وَإِذَا الْقُبُورُ بُعْثِرَتْ

عَلِمَتْ نَفْسٌ مَّا قَدَّمَتْ وَأَخَّرَتْ

يَا أَيُّهَا الْإِنسَانُ مَا غَرَّكَ بِرَبِّكَ الْكَرِيمِ

الَّذِي خَلَقَكَ فَسَوَّاكَ فَعَدَلَكَ

فِي أَيِّ صُورَةٍ مَّا شَاءَ رَكَّبَكَ

كَلَّا بَلْ تُكَذِّبُونَ بِالدِّينِ

وَإِنَّ عَلَيْكُمْ لَحَافِظِينَ

كِرَامًا كَاتِبِينَ

يَعْلَمُونَ مَا تَفْعَلُونَ

إِنَّ الْأَبْرَارَ لَفِي نَعِيمٍ

وَإِنَّ الْفُجَّارَ لَفِي جَحِيمٍ

يَصْلَوْنَهَا يَوْمَ الدِّينِ

وَمَا هُمْ عَنْهَا بِغَائِبِينَ

وَمَا أَدْرَاكَ مَا يَوْمُ الدِّينِ

ثُمَّ مَا أَدْرَاكَ مَا يَوْمُ الدِّينِ

يَوْمَ لَا تَمْلِكُ نَفْسٌ لِّنَفْسٍ شَيْئًا ۖ وَالْأَمْرُ يَوْمَئِذٍ لِّلَّهِ

Soorah Takweer 81

بِسْمِ اللهِ الرَّحْمَٰنِ الرَّحِيمِ

إِذَا الشَّمْسُ كُوِّرَتْ

وَإِذَا النُّجُومُ انكَدَرَتْ

وَإِذَا الْجِبَالُ سُيِّرَتْ

وَإِذَا الْعِشَارُ عُطِّلَتْ

وَإِذَا الْوُحُوشُ حُشِرَتْ

وَإِذَا الْبِحَارُ سُجِّرَتْ

وَإِذَا النُّفُوسُ زُوِّجَتْ

وَإِذَا الْمَوْءُودَةُ سُئِلَتْ

بِأَيِّ ذَنبٍ قُتِلَتْ

وَإِذَا الصُّحُفُ نُشِرَتْ

وَإِذَا السَّمَاءُ كُشِطَتْ

وَإِذَا الْجَحِيمُ سُعِّرَتْ

وَإِذَا الْجَنَّةُ أُزْلِفَتْ

عَلِمَتْ نَفْسٌ مَّا أَحْضَرَتْ

فَلَا أُقْسِمُ بِالْخُنَّسِ

الْجَوَارِ الْكُنَّسِ

وَاللَّيْلِ إِذَا عَسْعَسَ

وَالصُّبْحِ إِذَا تَنَفَّسَ

إِنَّهُ لَقَوْلُ رَسُولٍ كَرِيمٍ

ذِي قُوَّةٍ عِندَ ذِي الْعَرْشِ مَكِينٍ

مُّطَاعٍ ثَمَّ أَمِينٍ

وَمَا صَاحِبُكُم بِمَجْنُونٍ

وَلَقَدْ رَآهُ بِالْأُفُقِ الْمُبِينِ

وَمَا هُوَ عَلَى الْغَيْبِ بِضَنِينٍ

وَمَا هُوَ بِقَوْلِ شَيْطَانٍ رَّجِيمٍ

فَأَيْنَ تَذْهَبُونَ

إِنْ هُوَ إِلَّا ذِكْرٌ لِّلْعَالَمِينَ

لِمَن شَاءَ مِنكُمْ أَن يَسْتَقِيمَ

وَمَا تَشَاءُونَ إِلَّا أَن يَشَاءَ اللَّهُ رَبُّ الْعَالَمِينَ

Soorah ‘Abasa 80

بِسْمِ اللهِ الرَّحْمَـنِ الرَّحِيمِ

عَبَسَ وَتَوَلَّىٰ

أَن جَاءَهُ الْأَعْمَىٰ

وَمَا يُدْرِيكَ لَعَلَّهُ يَزَّكَّىٰ

أَوْ يَذَّكَّرُ فَتَنفَعَهُ الذِّكْرَىٰ

أَمَّا مَنِ اسْتَغْنَىٰ

فَأَنتَ لَهُ تَصَدَّىٰ

وَمَا عَلَيْكَ أَلَّا يَزَّكَّىٰ

وَأَمَّا مَن جَاءَكَ يَسْعَىٰ

وَهُوَ يَخْشَىٰ

فَأَنتَ عَنْهُ تَلَهَّىٰ

كَلَّا إِنَّهَا تَذْكِرَةٌ

فَمَن شَاءَ ذَكَرَهُ

فِي صُحُفٍ مُّكَرَّمَةٍ

مَّرْفُوعَةٍ مُّطَهَّرَةٍ

بِأَيْدِي سَفَرَةٍ

كِرَامٍ بَرَرَةٍ

قُتِلَ الْإِنسَانُ مَا أَكْفَرَهُ

مِنْ أَيِّ شَيْءٍ خَلَقَهُ

مِن نُّطْفَةٍ خَلَقَهُ فَقَدَّرَهُ

ثُمَّ السَّبِيلَ يَسَّرَهُ

ثُمَّ أَمَاتَهُ فَأَقْبَرَهُ

ثُمَّ إِذَا شَاءَ أَنشَرَهُ

كَلَّا لَمَّا يَقْضِ مَا أَمَرَهُ

فَلْيَنظُرِ الْإِنسَانُ إِلَىٰ طَعَامِهِ

أَنَّا صَبَبْنَا الْمَاءَ صَبًّا

ثُمَّ شَقَقْنَا الْأَرْضَ شَقًّا

فَأَنبَتْنَا فِيهَا حَبًّا

وَعِنَبًا وَقَضْبًا

وَزَيْتُونًا وَنَخْلًا

وَحَدَائِقَ غُلْبًا

وَفَاكِهَةً وَأَبًّا

مَّتَاعًا لَّكُمْ وَلِأَنْعَامِكُمْ

فَإِذَا جَاءَتِ الصَّاخَّةُ

يَوْمَ يَفِرُّ الْمَرْءُ مِنْ أَخِيهِ

وَأُمِّهِ وَأَبِيهِ

وَصَاحِبَتِهِ وَبَنِيهِ

لِكُلِّ امْرِئٍ مِّنْهُمْ يَوْمَئِذٍ شَأْنٌ يُغْنِيهِ

وُجُوهٌ يَوْمَئِذٍ مُّسْفِرَةٌ

ضَاحِكَةٌ مُّسْتَبْشِرَةٌ

وَوُجُوهٌ يَوْمَئِذٍ عَلَيْهَا غَبَرَةٌ

تَرْهَقُهَا قَتَرَةٌ

أُولَٰئِكَ هُمُ الْكَفَرَةُ الْفَجَرَةُ

Soorah Naazi'aat 79

بِسْمِ اللهِ الرَّحْمَـنِ الرَّحِيمِ

وَالنَّازِعَاتِ غَرْقًا

وَالنَّاشِطَاتِ نَشْطًا

وَالسَّابِحَاتِ سَبْحًا

فَالسَّابِقَاتِ سَبْقًا

فَالْمُدَبِّرَاتِ أَمْرًا

يَوْمَ تَرْجُفُ الرَّاجِفَةُ

تَتْبَعُهَا الرَّادِفَةُ

قُلُوبٌ يَوْمَئِذٍ وَاجِفَةٌ

أَبْصَارُهَا خَاشِعَةٌ

يَقُولُونَ أَإِنَّا لَمَرْدُودُونَ فِي الْحَافِرَةِ

أَإِذَا كُنَّا عِظَامًا نَّخِرَةً

قَالُوا تِلْكَ إِذًا كَرَّةٌ خَاسِرَةٌ

فَإِنَّمَا هِيَ زَجْرَةٌ وَاحِدَةٌ

فَإِذَا هُم بِالسَّاهِرَةِ

هَلْ أَتَاكَ حَدِيثُ مُوسَىٰ

إِذْ نَادَاهُ رَبُّهُ بِالْوَادِ الْمُقَدَّسِ طُوًى

اذْهَبْ إِلَىٰ فِرْعَوْنَ إِنَّهُ طَغَىٰ

فَقُلْ هَل لَّكَ إِلَىٰ أَن تَزَكَّىٰ

وَأَهْدِيَكَ إِلَىٰ رَبِّكَ فَتَخْشَىٰ

فَأَرَاهُ الْآيَةَ الْكُبْرَىٰ

فَكَذَّبَ وَعَصَىٰ

ثُمَّ أَدْبَرَ يَسْعَىٰ

فَحَشَرَ فَنَادَىٰ

فَقَالَ أَنَا رَبُّكُمُ الْأَعْلَىٰ

فَأَخَذَهُ اللَّهُ نَكَالَ الْآخِرَةِ وَالْأُولَىٰ

إِنَّ فِي ذَٰلِكَ لَعِبْرَةً لِّمَن يَخْشَىٰ

أَأَنتُمْ أَشَدُّ خَلْقًا أَمِ السَّمَاءُ ۚ بَنَاهَا

رَفَعَ سَمْكَهَا فَسَوَّاهَا

وَأَغْطَشَ لَيْلَهَا وَأَخْرَجَ ضُحَاهَا

وَالْأَرْضَ بَعْدَ ذَٰلِكَ دَحَاهَا

أَخْرَجَ مِنْهَا مَاءَهَا وَمَرْعَاهَا

وَالْجِبَالَ أَرْسَاهَا

مَتَاعًا لَّكُمْ وَلِأَنْعَامِكُمْ

فَإِذَا جَاءَتِ الطَّامَّةُ الْكُبْرَىٰ

يَوْمَ يَتَذَكَّرُ الْإِنسَانُ مَا سَعَىٰ

وَبُرِّزَتِ الْجَحِيمُ لِمَن يَرَىٰ

فَأَمَّا مَن طَغَىٰ

وَآثَرَ الْحَيَاةَ الدُّنْيَا

فَإِنَّ الْجَحِيمَ هِيَ الْمَأْوَىٰ

وَأَمَّا مَنْ خَافَ مَقَامَ رَبِّهِ وَنَهَى النَّفْسَ عَنِ الْهَوَىٰ

فَإِنَّ الْجَنَّةَ هِيَ الْمَأْوَىٰ

يَسْأَلُونَكَ عَنِ السَّاعَةِ أَيَّانَ مُرْسَاهَا

فِيمَ أَنتَ مِن ذِكْرَاهَا

إِلَىٰ رَبِّكَ مُنتَهَاهَا

إِنَّمَا أَنتَ مُنذِرُ مَن يَخْشَاهَا

كَأَنَّهُمْ يَوْمَ يَرَوْنَهَا لَمْ يَلْبَثُوا إِلَّا عَشِيَّةً أَوْ

Soorah Naba 78

بِسْمِ اللهِ الرَّحْمَـنِ الرَّحِيمِ

عَمَّ يَتَسَاءَلُونَ

عَنِ النَّبَإِ الْعَظِيمِ

الَّذِي هُمْ فِيهِ مُخْتَلِفُونَ

كَلَّا سَيَعْلَمُونَ

ثُمَّ كَلَّا سَيَعْلَمُونَ

أَلَمْ نَجْعَلِ الْأَرْضَ مِهَادًا

وَالْجِبَالَ أَوْتَادًا

وَخَلَقْنَاكُمْ أَزْوَاجًا

وَجَعَلْنَا نَوْمَكُمْ سُبَاتًا

وَجَعَلْنَا اللَّيْلَ لِبَاسًا

وَجَعَلْنَا النَّهَارَ مَعَاشًا

وَبَنَيْنَا فَوْقَكُمْ سَبْعًا شِدَادًا

وَجَعَلْنَا سِرَاجًا وَهَّاجًا

وَأَنزَلْنَا مِنَ الْمُعْصِرَاتِ مَاءً ثَجَّاجًا

لِّنُخْرِجَ بِهِ حَبًّا وَنَبَاتًا

وَجَنَّاتٍ أَلْفَافًا

إِنَّ يَوْمَ الْفَصْلِ كَانَ مِيقَاتًا

يَوْمَ يُنفَخُ فِي الصُّورِ فَتَأْتُونَ أَفْوَاجًا

وَفُتِحَتِ السَّمَاءُ فَكَانَتْ أَبْوَابًا

وَسُيِّرَتِ الْجِبَالُ فَكَانَتْ سَرَابًا

إِنَّ جَهَنَّمَ كَانَتْ مِرْصَادًا

لِّلطَّاغِينَ مَآبًا

لَّابِثِينَ فِيهَا أَحْقَابًا

لَّا يَذُوقُونَ فِيهَا بَرْدًا وَلَا شَرَابًا

إِلَّا حَمِيمًا وَغَسَّاقًا

جَزَاءً وِفَاقًا

إِنَّهُمْ كَانُوا لَا يَرْجُونَ حِسَابًا

وَكَذَّبُوا بِآيَاتِنَا كِذَّابًا

وَكُلَّ شَيْءٍ أَحْصَيْنَاهُ كِتَابًا

فَذُوقُوا فَلَن نَّزِيدَكُمْ إِلَّا عَذَابًا

إِنَّ لِلْمُتَّقِينَ مَفَازًا

حَدَائِقَ وَأَعْنَابًا

وَكَوَاعِبَ أَتْرَابًا

وَكَأْسًا دِهَاقًا

لَّا يَسْمَعُونَ فِيهَا لَغْوًا وَلَا كِذَّابًا

جَزَاءً مِّن رَّبِّكَ عَطَاءً حِسَابًا

رَّبِّ السَّمَاوَاتِ وَالْأَرْضِ وَمَا بَيْنَهُمَا
الرَّحْمَـٰنِ ۖ لَا يَمْلِكُونَ مِنْهُ خِطَابًا

يَوْمَ يَقُومُ الرُّوحُ وَالْمَلَائِكَةُ صَفًّا ۖ لَّا يَتَكَلَّمُونَ إِلَّا مَنْ أَذِنَ لَهُ الرَّحْمَـٰنُ وَقَالَ صَوَابًا

ذَٰلِكَ الْيَوْمُ الْحَقُّ ۖ فَمَن شَاءَ اتَّخَذَ إِلَىٰ رَبِّهِ مَآبًا

إِنَّا أَنذَرْنَاكُمْ عَذَابًا قَرِيبًا يَوْمَ يَنظُرُ الْمَرْءُ مَا قَدَّمَتْ يَدَاهُ وَيَقُولُ الْكَافِرُ يَا لَيْتَنِي كُنتُ تُرَابًا

CERTIFICATE OF COMPLETION

This Certifies that:

Has successfully completed the writing of Juz 'Amma

DATE

WWW.TIMBUKTUEDU.COM

Made in the USA
Middletown, DE
13 August 2020